AF233492

ADRESSE

DES

PÊCHEURS

ET

DES HABITANS

DE LA COTE MARITIME

DE LA CI-DEVANT

PROVINCE DE LANGUEDOC,

Présentée à l'Assemblée Nationale par les Députés extraordinaires de la ville d'Agde, pour le rétablissement de la pêche aux bœufs sur la côte de Languedoc.

A PARIS,

De l'Imprimerie de la rue d'Argenteuil.

1791.

ADRESSE

Des Pêcheurs et des Habitans de la côte maritime de la ci-devant province de Languedoc, présentée à l'Assemblée Nationale par les Députés extraordinaires de la ville d'Agde, pour le rétablissement de la pêche aux bœufs sur la côte de Languedoc.

LE décret du 8 décembre 1790, qui prononce la prohibition d'un procédé de pêche connu sous le nom de *pêche aux bœufs*, faite avec des bâteaux du port de quinze à vingt tonneaux, & avec le filet nommé *gangui*, a justement allarmé, non-seulement les pêcheurs de la côte maritime de la ci-devant province de Languedoc, mais encore les habitans de toute cette contrée.

Tout doit justifier la conduite des pêcheurs sur le rétablissement de cette pêche depuis environ deux ans. Quand ils n'auroient pas eu pour eux les loix constitutives qui ont régénéré l'Empire & rendu à toutes les branches de l'induſtrie la liberté dont elles avoient beſoin pour ſortir de l'état d'apathie & d'engourdiſſement où l'ancien régime les avoit plongées, les heureux effets que ce procédé de pêche a produit ſont ſi évidens & ſi ſenſibles, qu'il ſuffit de dire que le poiſſon qui valoit autrefois 15 & 20 ſ. la livre, s'achète aujourd'hui à 3 & 4 ſous; & que bien loin de le prohiber, on devroit au contraire lui donner des encouragemens; car il n'eſt pas douteux que l'abondance & le bas prix du poiſſon n'amènent une diminution conſidérable ſur le prix des autres comeſtibles.

Cette pêche, conſidérée d'abord ſous le rapport des ſubſiſtances, intéreſſe eſſentiellement toute la ci-devant province de Languedoc, ainſi que l'ont manifeſté les départemens de l'Hérault, de l'Aude, les diſtricts de Narbonne & de Beſiers, & la majeure partie des municipalités qui avoiſinent la côte maritime, par leurs délibérations que nous relatons à la ſuite de ce mémoire. La claſſe indigente du peuple eſt particulièrement intéreſſée à ce qu'elle ſoit maintenue.

Afin de faire conno'tre à la diète auguſte l'erreur où étoit le gouvernement, lorſqu'en 1770 il ordonna avec plus de rigueur la prohibition de la pêche dont il s'agit, & qu'il fit impitoyablement détruire tous les bâteaux (malheureux effets du deſpotiſme & de la vile paſſion de l'intérêt particulier pour favoriſer les bordigues & autres pêcheries privilégiées) nous lui repréſentons que la pêche aux bœufs n'eſt praticablé ſur toutes les côtes du royaume que ſur celle de Languedoc, depuis le cap de Leucate juſqu'aux embouchures du Rhône, attendu qu'elle eſt platte, & que les bâteaux ne pouvant pêcher qu'à une lieue & demie ou deux lieues au large, ils ne peuvent par conſéquent porter aucun préjudice au frai que le poiſſon vient dépoſer infiniment plus près de la côte.

La côte de Languedoc eſt platte, à cauſe de la grande quantité de rivières qui ſe dégorgent dans le golfe de Lyon,

notamment celles du Rhône , de l'Hérault ,
d'Orbs & de l'Aude ; ces rivières entraî-
nant beaucoup de limon , attérissent la côte
& la rendent très-poissonneuse , parce que le
limon engendre de la vermine qui attire le
poisson du large : elle est, de plus ; hérissée
d'une chaîne de bancs de sable qui se prolon-
gent bien avant dans la mer , & qui empêchent
les bâteaux d'approcher de trop près pour
nuire au frai que le poisson vient déposer dans
l'espace qui règne entre ces bancs & le rivage.
C'est ce que l'on verra par le plan de la côte.

S'il y a un procédé de pêche qui soit pré-
judiciable à la propagation de l'espèce , &
qui soit dans le cas d'être prohibé , c'est in-
contestablement celui de la traîne , que l'on
pratique dans l'espace que nous venons de
citer avec un grand filet que l'on tire à bras
sur le rivage , & qui n'apporte jamais que de
très-petit poisson : il ne faut pas omettre que
l'on n'emploie à cette pêche que des vaga-
bonds & des gens sans aveu , qui font la ter-
reur de la côte ; raison de plus pour la pros-

ordre rigoureusement, & dès.lors la pêche aux bœufs en deviendra plus abondante.

On fera peut-être furpris d'apprendre que la pêche aux bœufs, au lieu de nuire à la multiplication de l'efpèce, lui eft au contraire avantageufe; c'eft une vérité inconteftable, prife de l'expérience & de la naturedes chofes.

Il eft d'abord néceffaire de faire connoître la différence qu'il y a de la pêche aux bœufs d'avec celle qui fe fait à la tartane.

Dans la pêche à la tartane, les deux bras du filet font amarrés à deux vergues placées l'une à la proue, l'autre à la poupe de la tartane.

Dans celle qui fe fait aux bœufs, avec deux bâteaux qui s'accouplent, chaque branche de filet eft amarrée à chacune de ces barques qui le tirent en même-tems. Quoique les deux barques ne faffent ufage que d'un feul filet, la manœuvre étant plus prompte à caufe de la réunion des deux équipages, on cale & on tire plus fouvent: ce filet étant plus grand, les deux barques s'écartent à volonté l'une de l'autre ; & embraffant un plus grand efpace, elles prennent une plus grande quantité de poiffons que fi elles faifoient la pêche féparément.

Dans la pêche à la tartane, on fe fert de filets dont la maille eft petite, & d'une remorque de cordes d'herbe, dites *libans à tortiffe* (1), de cinq pouces de circonférence, très-raboteufes, qui fillonnent violemment le fonds & qui le fouettent avec force lorfque la tartane navigue vent-debout, ce qui rend la lame plus forte, et c'eft auffi ce qui fait périr beaucoup de poiffon.

Dans la pêche aux bœufs, faite avec des bateaux d'un moindre encombrement que celui de la tartane, la maille du filet eft beaucoup plus grande ; on attache à ce filet une remorque de cordes de chanvre de deux pouces de circonférence, qui, fillonnant légèrement le fonds, en fait reffortir de la vermine

---

(1) Les libans à tortiffe font fabriqués à Almerie en Efpagne, & on ne peut en fabriquer en France faute de matière.

& de l'herbe marine dite *algue*, qui fervent d'appas & d'abri aux poiffons qu'elles attirent du large.

Pour prouver enfin que le procédé de cette pêche eft plutôt avantageux que nuifible à la multiplication du poiffon, c'eft que le filet qui eft à grandes mailles, n'apporte le plus fouvent que des poiffons voraces qui nuifent aux autres efpèces, & que les bâteaux écartent même de la côte (2). Cette vérité eft atteftée par une expérience faite pendant cinquante ans avant 1770, époque de la deftruction des bâteaux : & il eft de notoriété publique que la côte de Languedoc étoit beaucoup plus poiffonneufe avant la prohibition, qu'elle ne l'a été après.

Cette vérité eft encore atteftée par l'expérience de la pêche en queftion, qui eft pratiquée fur toutes les côtes d'Efpagne, celles de

---

(2) Les poiffons voraces font plus de mal dans une feule nuit aux autres efpèces, que n'en pourroient prendre cent paires de bâteaux dans un mois.

Calabre, de Sicile, de Toscane & notamment dans l'Inde; parce que toutes ces côtes
font affimilées à celle de Languedoc: or donc,
fi la nature en nous accordant une heureufe
fituation, nous a donné la faculté de faire
cette pêche, pourquoi nous en priveroit-on?
Nous ne demandons pas de profiter feuls
de cet avantage. Nous verrons au contraire
avec le plus grand plaifir, nos voifins venir y
participer; mais il feroit inoui de leur part de
vouloir s'y opposer par cela seul qu'ils ne peuvent point la pratiquer, attendu que leur côte
eft trop profonde, & qu'elle eft couverte
d'écueils. Les propriétaires des bordigues
ont été auffi dans tous les tems les détracteurs
de cette pêche, parce qu'ils n'ont pu fuppor-
ter la concurrence dans le prix des marchés.

Dès que la liberté fut rendue au peuple
François, les pêcheurs de Languedoc, qui gé-
miffoient dans la misère, fe hâtèrent de vendre,
les uns leurs tartanes, les autres fe dépouil-
lèrent de leurs poffeffions pour faire conf-
truire des bâteaux : il en exifte déjà aux envi-

rons de cent qui ont coûté cinq cent mille livres, ſans compter encore le grand nombre de ceux qui ſont en conſtruction ſur divers chantiers. Que l'on juge à préſent du déſeſpoir de ces infortunés, au ſort deſquels eſt néceſſairement lié l'intérêt des habitans de toute la contrée , ſur un eſpace de trente lieues, qui verroient diminuer conſidérablement les moyens de ſubſiſtance !

L'aſſemblée nationale voudra bien prendre en conſidération que la pêche aux bœufs eſt la véritable pépinière de matelots, claſſe infiniment précieuſe à l'Etat ; et qu'elle eſt au ſurplus une reſſource pour les marins invalides, lorſqu'en tems de guerre ils remplacent les matelots actifs qui ſont employés ſur les vaiſſeaux de ligne de la nation.

La pêche à la tartane ne procure point cet avantage , parce que l'équipage de ces barques n'eſt pour la plupart compoſé que de payſans & de gens ſans aveu, qui ne ſont cette profeſſion que momentanément, & qui ne font point claffés (3) ; au lieu que fur les bâteaux, la manœuvre étant plus active quoique beaucoup moins pénible que fur la tartane, et le gain étant plus confidérable, on n'y emploie que de véritables matelots ; il faut obferver encore que fur chaque bâteau, il y a au moins un mouffe, que le nombre en étant beaucoup plus grand que celui des tartanes, puifqu'il n'en exifte à préfent de ces dernières que vingt ; il fe forme par conféquent un plus grand nombre d'élèves pour la marine.

Voici enfin un motif puiffant qui doit fixer férieufement l'attention de l'affemblée nationale.

Nous avons dit que la grande quantité de rivières qui fe dégorgent dans le golfe de Lyon attériffent la côte ; cette même caufe fait que les ports de Gruiffan, Vendres & Serignan font continuellement obftrués : on

---

(3) En tems de guerre on étoit obligé d'amarrer les tartanes de pêche, faute de bras.

ne peut y employer que des bâteaux d'un petit encombrement, tels que nous les avons défignés. Il exifte dans ces trois ports & dans ceux d'Agde, Cete & la Nouvelle, aux environs de quinze cent matelots qui ne font d'autre profeffion en tems de paix que celle de la pêche (4); & si on leur interdit ce moyen de gagner leur vie, outre le défefpoir auquel les entraîneroit cette interdiction, confidérez encore la perte que l'Etat feroit d'une claffe d'hommes auffi précieufe.

C'eft dans ces tems heureux où le Sénat françois vient de régénérer l'Empire, que les pêcheurs & les habitans de la côte maritime de la ci-devant province de Languedoc ofent réclamer en leur faveur une modification au décret du 8 décembre 1790, & ils efpèrent, de la juftice de l'affemblée nationale, qu'elle voudra bien accueillir favorablement leur de-

---

(4) Outre les 1500 matelots actifs deftinés à la pêche, il y a aux environs de 400 marins invalides, & on en prend ordinairement un ou deux fur chaque bâteau, parce que le fervice y eft beaucoup moins pénible que fur la tartane.

mande pour le rétablissement de la pêche aux bœufs, sur la côte de Languedoc, en la considérant sous les divers rapports que nous venons de développer.

Les pêcheurs de la ville d'Agde, ceux de Gruissan & Sérignan, supplient encore la diète auguste de leur accorder une jurisdiction de prudhommes pour chacune de ces villes, ainsi que la demande en est formée par les délibérations de ces trois municipalités, que nous mettons sous les yeux de l'assemblée, à l'effet de juger sommairement & sans frais toutes les contestations sur la pêche ; à la charge par eux de se conformer aux mêmes lois, statuts & réglemens de la jurisdiction des prudhommes établie à Marseille.

Les habitans de toute la contrée chérissent la nouvelle constitution, & ils feront toujours prêts à verser jusqu'à la dernière goutte de leur sang pour la maintenir.

PIERRE ARNAUD, neveu,

PIERRE BOMPAR, l'aîné,

Députés extraordinaires de la ville d'Agde.

Février 1791.

Liste des délibérations prises par les Corps administratifs et les Municipalités ci-après, pour demander le rétablissement de la pêche aux bœufs.

Corps Administratifs.	*Dates des Délibérations.*	
Le directoire du district de Narbonne.	6. Novembre.	
Le directoire du distrrict de Besiers.	17 Novembre.	
Le conseil du département de l'Aude.	19 Novembre.	1790.
Le directoire du département de l'Hérault.	2 Décembre.	
Municipalités.		
Agde.	7 Septembre, 24 et 26 Décembre.	
Serignan.	27 Décembre.	
Villeneuve.	27 Décembre.	
Sauvian.	27 Décembre.	
Thesan.	27 Décembre.	
Puimesson.	27 Décembre.	
Gruissan.	27 Décembre.	
Besiers, (chef-lieu de district).	29 Décembre.	
Murviel et Mus.	30 Décembre.	
Puissalicon.	30 Décembre.	
Saint - Chinian.	31 Décembre.	
Saint-Pons, (chef-lieu de district).	1 Janvier.	
Lezignan.	1 Janvier.	
Armissan.	1 Janvier.	
Cuxac.	2 Janvier.	1791.
Perignan.	2 Janvier.	
Castelnaudary, (chef-lieu de district.).	2 Janvier.	
Salles.	3 Janvier.	
Bizanet.	4 Janvier.	
Vinassan.	7 Janvier.	

Il passerà [illegible]